Das, was war

Dr. Martin Kreuels (Hg.)

Das, was war!

„Bücher sind keine Ansammlungen von Papier, sie sind menschlicher Geist auf Regalen"
					Sheridan Hay - Die Antiquarin

Geschichten sind Worte von Menschen, die fantastisch sind oder real. In allen wohnt etwas, was einer Erfahrung entspringt, die gelebt wurde oder noch wird. Manche von ihnen spiegeln uns wider, andere sind frei erfunden und scheinen einer Welt zu entstammen, die nicht die unsere ist. Manchmal sind es auch Geschichten über andere, die wir beobachtet haben.

Einige Autoren schreiben ihre Gefühle nieder, verpacken diese in Geschichten, in einen Krimi, einem Drama oder in eine Komödie. Dahinter steht jemand, der gelernt hat und dies weitergeben möchte, der davon erzählt, um andere daran teilhaben zu lassen. Erfahrungen werden weitergegeben. Sie sind das Salz unserer Menschheit, das was uns vom Tier unterscheidet.

Wir haben die Möglichkeit, voneinander zu lernen. Grundlage dafür ist, das wir unsere Geschichten aufschreiben. Jede Geschichte ist hilfreich, weil kein Mensch unwichtig ist.

Üblicherweise geben wir unsere Erfahrungen an unsere Kinder weiter. Diese nehmen sie auf, orientieren sich daran oder lehnen Teile ab. Sie haben die freie Entscheidung, weil ihr Wille frei ist. Dies ist ein Prozess der Weiterentwicklung, der uns über die Jahrtausende hinweg, dahin gebracht hat, wo wir als Menschen nun stehen.

Vor Ihnen liegt nun ein Buch, das ebenfalls eine sehr spannende Geschichte beinhaltet. Es ist ein Stück Leben eines Menschen, der durch Dick und Dünn ging, zweifelte, haderte, trauerte, frohlockte, kämpfte und weiterging. Ein Mensch, den es nur einmal gibt und der nie wieder so auf der Erde erscheinen wird. Es ist teilweise ein Krimi, manchmal eine Liebesgeschichte, eine Story, die nicht frei erfunden wurde in einem Hinterzimmer mit Zigarettenqualm und Whiskyglas. Es ist eine wahre Geschichte von einem Menschen unter uns.

Sie mag diesem Menschen, der sie erlebt hat, unbedeutend erscheinen. Für andere Menschen ist sie das nicht. Sie ist wichtig, weil sie ein Puzzzlestück ist in unserer Gesellschaft. Jedes dieser Stücke ergibt einen weiteren Ausschnitt des Bildes, das uns klarer sehen lässt. Lassen Sie sich darauf ein, denn es wird Sie an ihren Kern führen. Sie werden schwitzen, Tränen werden fließen, und Sie werden am ganzen Körper zittern. Sie werden diese Geschichte weglegen müssen, weil Sie es nicht ertragen können. An anderen Tagen können Sie gar nicht aufhören, und Sie werden wie in einem Rausch vor diesem Buch sitzen.

6 ✑ Um zu Schreiben, brauchen wir manchmal einen Anlass, ein Ereignis oder gar eine Katastrophe. Der Auslöser ist der Schlüssel zu der Tür, hinter der wir den Stift finden, um mit dem Schreiben zu beginnen. Wir schreiben uns die Gedanken aus dem Kopf, damit das Karussell in demselben sich zu drehen aufhört. Mit dem „Rausschreiben" schaffen wir Platz für Neues. Wir können und dürfen unseren Kopf mit der Zukunft füllen, während wir dem Buch die Vergangenheit anvertrauen. Das Buch hat ein Format, das wir überall mit hin nehmen

können, es wiegt nur wenige Gramm, während es in unserem Kopf noch Tonnen wog. Wir können dieses Buch aber auch einfach in eines unserer Regale stellen, zu den anderen Geschichten der anderen Menschen, die Erfahrungen gemacht haben. Dort gehört es irgendwann hin, denn wir leben nicht in der Vergangenheit.

„Das, was war" ist ein einzigartiges Buch. Ein Buch, das es so nicht wieder geben wird.

Es ist Ihre Geschichte!

8 ❧

9

10

11

12

13

14

15

16

17

18

19

20

21

22

23

24 ✤

25

26

27

28

29

30

31

32

33

34

35

36

37

38

39

40

41

42

43

44

45

46

47

48 ❧

49

50

51

52

53

54 ❦

55

56 ↝

57

58

59

60 ~

61

62

63

∞ 65

66

67

69

70 ∽

71

72 ∞

73

74

75

76 ◈

77

78 ↬

79

80

81

82

83

84

85

86

familyobjects

88

89

90

91

93

95

96 ◈

97

98

99

100 ❧

101

103

105

Epilog

Von Ihren Erfahrungen profitieren andere Menschen. Menschen vielleicht, die in einer ähnlichen Situation waren oder sind, wie Sie. Lassen Sie sie an Ihren Erfahrungen teilhaben. Jede Erfahrung ist ein Baustein, um persönlich weiterzukommen. Wenn Sie möchten, schicken Sie mir Ihr Buch, ob mit Ihrem Namen oder anonymisiert, ist dabei gleichgültig. Ihre Geschichte wird digitalisiert und in die Erfahrungsbibliothek aufgenommen, sodass jeder Mensch darauf zugreifen kann.

Senden Sie Ihr Buch an:
Erfahrungsbibliothek
Dr. Martin Kreuels
Swart Weg 82
26831 Bunde

Wenn Sie Ihre Geschichte nicht der Öffentlichkeit zukommen lassen möchten, bewahren Sie ihr Buch gut auf. Es ist Ihre Geschichte und es ist Ihr Kern, den Sie aufgeschrieben haben. Lesen Sie immer mal wieder darin, wenn es Ihnen nicht gut geht.
Für Ihre Zukunft wünsche ich Ihnen alles Gute

Ihr Dr. Martin Kreuels

Impressum

© 2015
Text, Layout: Dr. Martin Kreuels (www.fotografie-kreuels.de)
Lektorat: Hilke Bultmann (Hamburg)
Herstellung und Verlag: Books on Demand GmbH,
Norderstedt
ISBN 978-3-7347-8906-9